www.tredition.de

AF204218

Wo ist Gott?

Was ist der Sinn des Lebens?

Zwei von vielen Fragen ….

die hier beantwortet werden!!

Volker Borbe

Gottes Himmelreich

Alle Fragen - Alle Antworten

www.tredition.de

© 2016 Volker Borbe

Verlag: tredition GmbH, Hamburg

ISBN
Paperback: 978-3-7345-2067-9
Hardcover: 978-3-7345-2068-6
e-Book: 978-3-7345-2069-3

Printed in Germany

Vorwort:

Es gibt seit tausenden von Jahren überhaupt nur zwei Wege um sich mit dem menschlichen Glauben auseinander zu setzen!

Sie können z.Bsp. jahrelang die Bibel studieren. In jedem einzelnen Psalm können Sie nach Gottes Wort suchen! Aber Sie müssen immer bedenken, dass die Zeilen vor mindestens zweitausend Jahren in einem weit entfernten Land, in fremder Kultur und Sprache geschrieben worden sind!

Es ist zumindest fraglich, ob die heutigen Übersetzungen auch nur sinngemäß die damaligen wirklichen Aussagen wiedergeben.

Aber es ist zumindest ein Weg um sich mit dem Glauben auseinanderzusetzen.

Oder aber Sie können sich als Archäologe/in in fernen Ländern durch die Gesteins und Sandschichten graben.

Auch dabei besteht die, (wenn auch sehr geringe), Chance Beweise von Gottes Anwesenheit auf Erden zu finden.

Gut, wenn Sie jetzt immer noch hier sind und noch nicht hochmotiviert mit einem Spaten in der Hand in einem Flugzeug sitzen, möchte ich Ihnen hier eine weitere Möglichkeit anbieten!

Sie ist neu! Und daher einmalig!

Wir werden den Glauben von einer völlig neuen Seite aus betrachten.

Von einer neutralen Seite aus!

Uns interessieren hier einzig und alleine Tatsachen! Wir werden klein anfangen und uns schließlich durch alle Fragen des menschlichen Glaubens durcharbeiten **und sie sogar beantworten!!**

Und um das zu erreichen brauchen Sie eigentlich nur zwei Dinge:

Die Bereitschaft selber auch neutral zu bleiben und natürlich dieses Buch!

Anfang:

Es ist ein wirklich völlig neuer Weg den Glauben von einem neutralen Standpunkt aus zu betrachten!

Weil, wer ist schon neutral?

Entweder ist man gläubig und fühlt sich vielleicht persönlich angegriffen wenn nun jemand daherkommt und anscheinend alles in Frage stellt.

Oder man ist nicht gläubig aber interessiert (warum sonst hätte man dieses Buch denn gekauft?)

In diesem Fall wird der Leser wohl bestrebt sein selber alles in Frage zu stellen. Nach dem Motto: „Ich habe seither nicht an ein höheres Wesen geglaubt und fange nun auch nicht damit an."

Oh Mann, das kann ja heiter werden… ☺

Aber ich kann Sie alle beruhigen.

Nichts in diesem Buch wird Ihren persönlichen christlichen Glauben in Frage stellen!

Und nichts in diesem Buch kann Sie dazu zwingen nun an einen Gott zu glauben!

Gut, das wäre geklärt. Ich halte mich auch nicht lange mit Vorreden auf, welche von den meisten Lesern sowieso nicht gelesen werden. ☺

Nur um eines möchte ich Sie bitten!

Lassen Sie es uns gemeinsam erarbeiten!

Vorblättern lohnt sich nicht!

Es baut alles aufeinander auf.

Und ich werde mir Mühe geben, die einzelnen Inhalte nicht zu sehr in die Länge zu ziehen.

Frage 1:

Wer oder was ist Gott?

Na, das fängt ja gleich voll an! Aber denken Sie bitte daran neutral zu bleiben!

Uns geht es jetzt nicht darum stundenlang Bibelstellen zu zitieren oder dieses Buch gleich wieder zuzuschlagen. („Ich wusste doch gleich, dass einem hier ein Glaube aufgedrängt werden soll")

Nein, wir wollen diese Frage anders angehen.

Und zwar mit einem Stein !

Stellen Sie sich einen Stein vor, der einsam und verlassen vor Ihnen auf dem Tisch liegt. Und beantworten Sie mir nun die einfache Frage:

„Ist das Gott?"

Bitte schweifen Sie jetzt nicht ab, von wegen Gott hat alles geschaffen, also ist auch ein Teil von ihm darin. usw.. Wenn Sie einfach nur die Frage beantworten, muss die Antwort „ Nein! " lauten.

Entweder weil Sie sowieso nicht an Ihn glauben, oder weil Sie sich nicht vorstellen wollen jahrelang einen popeligen Stein angebetet zu haben!

Also ist unsere nächste Frage: Welche Bedingungen muss ein Gott mindestens erfüllen?

Wir wollen dabei das Aussehen mal völlig außer Acht lassen. Ob er nun 8 Arme hat und einen Rollkragenpullover trägt, ist wirklich vollkommene Nebensache.

Lassen Sie sich Zeit beim Überlegen. Was muss ein Gott also mindestens können? Er muss mehr können wie ein Stein, das ist schon mal klar. ☺

Ok, hier kommt die Liste. Lesen Sie sie in Ruhe durch.

1. Er muss ein denkendes Wesen sein!
   (Niemand will einen Stein anbeten)

2. Er muss seine Umwelt wahrnehmen können
   (Ein Eremit in einer Höhle bringt uns auch nichts)

3. Er muss Wunder vollbringen können
   (Wie soll er uns sonst helfen können?)

Sie kennen bestimmt den Satz „Gott hat den Menschen nach seinem Vorbild erschaffen"?

Glauben Sie wirklich, dass damit das

Aussehen gemeint war?

Wenn Sie nun die obere Liste nochmal gelesen und mit Ihren persönlichen Wesensmerkmalen verglichen haben, werden Sie zwangsläufig bei den Wundern hängengeblieben sein.

Wunder sind relativ. Wunder sind nur Wunder solange man die Funktionsweise nicht kennt. Also können auch wir, in gewissen Grenzen, bereits Wunder vollbringen.

Frage 2:

Wer oder was ist das Himmelreich?

Ach ja, das Himmelreich! Jeder Gläubige träumt davon dorthin zu kommen. Und die Ungläubigen dürfen überhaupt nicht davon träumen!

Und warum nicht?

Weil das Himmelreich, (wenn es denn eines geben sollte), eng mit einem Gott verbunden ist!

Das ist eine einfache Formel:

Wenn es einen Gott gibt, gibt es auch ein Himmelreich in das wir nach dem Tod kommen.

(Oder glaubt vielleicht irgendjemand, dass uns ein uns liebender, denkender, ewig lebender und Wunder vollbringender Gott einfach sterben lassen würde??)

Und wenn es KEINEN Gott gibt... Ja, wo soll denn da auf einmal ein Himmelreich herkommen???

Nun nehmen wir mal an, es gibt einen Gott.

(Nur mal angenommen, für die Ungläubigen ☺)

Folglich gibt es also ein Himmelreich.

Frage: Was sollte darin alles möglich sein?

Wer will darf erstmal selber darüber nachden-ken. Ansonsten kommt hier die Liste ☺

1. Wir sollten darin unsterblich sein
   (muss ich dazu wirklich was erklären?)

2. Wir sollten unsere Erinnerungen behalten
   (**DENKEN**) (Ohne unsere Erinnerun-gen bräuchten wir auch keinen Himmel)

3. Wir sollten uns frei bewegen und besu-chen können
   (**HANDELN**). (Die meisten Menschen wollen doch ihre Verstorbenen wiederse-hen)

4. Wir sollten keinerlei körperliche Gebre-chen mehr haben
   (**WUNDER**) (unsterblich an Krücken zu gehen ist bestimmt nicht toll.)

Achtung, jetzt kommt wieder ein Punkt für die Ungläubigen!

Und nun stellen Sie sich mal einen Ort vor, wo (nur mal seit Christi Geburt)

ca. 40 Generationen der kompletten WELT-BEVÖLKERUNG versammelt sind!!

(Im Himmel stirbt ja niemand)

Und wo jeder Einzelne davon die Möglichkeit hat alles zu tun was er will !

Zum gegenwärtigen Zeitpunkt kann ich es verstehen, wenn Sie mir auf die Frage ob so ein Himmelreich überhaupt möglich ist mit einem entschiedenen

„ **NEIN!** " antworten.

Frage 3:

Was ist die Seele?

Moment mal, nicht so schnell! Nach unserem Ergebnis aus der Frage 2 könnten wir das Buch ja eigentlich jetzt schon schließen! Wir haben festgestellt, dass ein Himmelreich eigentlich völlig unmöglich ist, da es wegen Überfüllung geschlossen werden müsste! Und nach unserer „Einfachen Formel" kann es dann ja auch keinen Gott geben.

Aber ich kann Sie beruhigen, das Buch ist noch nicht am Ende! Es gibt tatsächlich einen Ort wo alles problemlos möglich ist! Lassen Sie uns also einfach so tun als ob alles in bester Ordnung wäre. ☺

Wir gehen also weiterhin davon aus, dass es einen Gott und ein Himmelreich gibt.

Und ich glaube, jedem von uns ist es klar, dass wir nicht mit unserem irdischen Körper in den Himmel kommen können!

Wer erstmal eingeäschert und begraben ist, wird mir für diese Aussage dankbar sein!

Wir gehen dabei weiterhin nur von Tatsachen aus! Wer das nicht glaubt, der kann gerne nochmal von vorne anfangen zu lesen, (so weit sind wir ja noch nicht) und es nochmal überprüfen.

Also: Unser Körper ist nach unserem Tod nicht mehr verfügbar. (Tatsache, oder?)

Etwas von uns müsste dann aber noch existieren, sonst können wir uns die ganze Diskussion ob es ein Himmelreich gibt oder nicht, auch ersparen! Wir wären dann ja weg!

Ok, machen wir es kurz, die Frage 3 gibt ja bereits selber die Antwort. Es gibt eine weitere einfache Formel.

Wenn es einen Gott gibt, dann muss es auch eine menschliche Seele geben, die nach dem Tod in den Himmel kommen kann, denn dort wohnt Gott ja.

Kurz zusammengefasst haben wir nun also

3 Dinge, die NUR MITEINANDER möglich sein können!

Gott, Himmelreich und Seele!

Nun müssen wir uns wieder fragen was eine Seele alles können muss.

Da können wir es uns jetzt eigentlich einfach machen. Wenn Gott uns nach seinem Ebenbild gemacht hat, kopiere ich einfach mal seine Eigenschaften.

Moment …

1. Wir müssen ein denkendes Wesen sein!
   (Denken und Erinnern, sonst könnten wir es gleich bleiben lassen)

2. Wir müssen unsere Umwelt wahrnehmen können
   (Hallo! Will vielleicht irgendjemand unsterblich nur noch schwarz sehen???)

3. Wir müssen Wunder vollbringen können
   (Also alleine so zu existieren wäre schon ein Wunder)

Erste Zusammenfassung :

Puh, dass wird nun aber auch mal Zeit um ein wenig zur Ruhe zu kommen.

Und? Haben Sie sich das Buch so vorgestellt? Gab es bisher schon Neues für Sie?

Ich versuche hier die Informationen ziemlich kompakt rüberzubringen. Dadurch dürfte keine Langeweile aufkommen und andererseits haben Sie dadurch die Möglichkeit auch mal kurzfristig etwas nachzuschlagen ohne lange suchen zu müssen.

Später, wenn wir soweit durch sind, wird es nochmal eine Zusammenfassung geben. Und danach werden wir unser erarbeitetes Wissen an allen möglichen Situationen des täglichen Lebens ausprobieren. Aber bitte erst dann! Jetzt wäre es einfach noch zu früh.

Wir werden auch weiterhin nur von Tatsachen ausgehen und sehen, wie weit wir damit kommen!

Bisher haben wir gelernt, dass es eine Verbindung gibt zwischen Gott, Himmelreich und Seele.

Nichts davon kann ohne das Andere existieren! Und fehlt auch nur EINES davon, sind auch die Anderen NICHT MÖGLICH!

Wir haben gelernt, dass Gott zumindest ein denkendes Wesen sein muss! Genauso wie auch unsere Seele.

Und wir werden uns jetzt auch noch ein wenig mehr mit unserer möglichen Seele beschäftigen müssen, weil so ganz ist das noch nicht geklärt.

Also lassen Sie uns einfach weitermachen. ☺

Frage 3:

Was ist die Seele?

(Fortsetzung ☺)

Gut, wie sollen wir uns die Seele vorstellen? Ist sie groß? Ist sie klein? Steckt Sie irgendwo im Kopf oder im Herz?

Kann Sie uns etwa versehentlich rausoperiert werden????

Äh, ich will nicht in irgendeinem Operations-schälchen liegen, während mein Körper auf-wacht und ohne mich nach Hause geht!

Ok, Spaß beiseite. Ich glaube es ist klar gewor-den worauf es hinausläuft.

Noch nie ist eine Seele in irgendeinem Körper gefunden worden! Und ich glaube, es ist auch eine Tatsache, dass es sich dabei nicht um ein unsichtbares Körperteil handelt, welches sich ge-schickt zwischen anderen Organen versteckt.

Also:

Wenn es eine Seele geben sollte, müsste sie völlig materielos sein!

Sie dürfte auf gar keinen Fall Gefahr laufen, aus Versehen, zerschnitten oder verbrannt zu werden!

Gut, ich sehe, Sie sind noch fit, also legen wir noch eine Schippe drauf ☺

Wir müssen nun mal kurz den Pfad der Tatsachen verlassen und auf die Wahrscheinlichkeit umschwenken.

Was ist wahrscheinlicher:

Wenn wir sterben kommt von irgendwoher unsere materielose Seele angeflogen, kopiert sich unser Wissen und unsere Persönlichkeit z. Bsp. auf einen USB Stick und wir fliegen zusammen in den Himmel.

Oder:

Wir haben bereits jetzt eine Seele. Und wir machen bereits jetzt alles Geistige mit unserer Seele.

Und nach unserem Tod bleiben uns unsere geistigen Fähigkeiten dann für immer erhalten.

Ich finde Vorschlag 2 klingt natürlicher. Wodurch natürlich sofort die Frage aufkommt:

Wo befindet sich unsere Seele und wie ist sie mit unserem Körper verbunden?

Wir bleiben nochmal bei der Wahrscheinlichkeit.

Was ist wahrscheinlicher?

Unsere materielose Seele fliegt irgendwie die ganze Zeit neben uns her, weil die Reichweite ihres WLAN Netzes nicht so groß ist.

oder:

Sie befindet sich an einem stationären Ort und ist nur durch irgendeine uns unbekannte Verbindung an uns gebunden.

Also ich bin wieder für Antwort 2. Ich bin mir sicher, meine materielose Seele hat keine Flügel und Seitenruder um immer hinter mir herzufliegen. ☺

Gut, und wenn man nun also davon ausgeht, das Seelen immer irgendwo stationär sind und sich also nicht bewegen können, gibt es nur eine Lösung um mit ihnen in den Himmel zu gelangen!

Sie sind bereits dort!!!

Puh, nochmal kurz zusammengefasst:

1. Wir brauchen eine Seele um in den Himmel zu kommen, da unser Körper hier bleibt.
   (Tatsache)

2. Unsere Seele muss materielos sein, weil sie sonst im Krematorium Probleme hätte.
   (Tatsache)

3. Wir sind bereits jetzt mit unserer Seele irgendwie verbunden.

   (Geht nicht anders. Tatsache)

4. Und unsere Seele befindet sich bereits jetzt im Himmel.
   (Geht auch nicht anders. Tatsache)

Wir werden uns das alles nachher noch genauer ansehen. Aber da wir ja immer noch kein funktionierendes Himmelreich haben, brauchen wir uns um unsere Seelen keine Sorgen zu machen.

Wir haben dann ja keine Seele!

Frage 4:

Was ist denn nun mit dem Himmelreich?

Ok, wir haben gesagt, das Himmelreich ist unmöglich weil dort einfach zu viel los wäre.

Wir stellen uns z. Bsp. vor:

- 20 Millionen Menschen wollen gleichzeitig eine Achterbahn auf dem Mond!
- 100 Millionen Menschen wollen gleichzeitig ein Eis essen!
- 1 Milliarde Menschen wollen gleichzeitig über die Reeperbahn schlendern!

Das geht nicht! Das ist zu viel!

Wir geben es auf!

Folglich gibt es keinen Himmel, keine Seelen und auch keinen Gott!

Alles war umsonst! Schade um die vertane Zeit!

Wir werden alle einfach sterben und nichts wird von uns übrig bleiben. Wie schade! Machen Sie es gut und leben Sie lange!

Oder gibt es vielleicht doch einen Weg?

Eine Möglichkeit ? Eine Einzige?

Ja, es gibt eine Möglichkeit!

Und das ist der Traum!

Im Traum ist alles möglich, was in einem funktionierenden Himmelreich nötig ist!

1. Unsterblichkeit!
2. Keine Schmerzen!
3. Man kann alles machen was man will!
4. Es gibt keine Überbevölkerung!
5. Keine körperlichen Einschränkungen!
6. Man kann als Seele auch ohne Augen sehen!
7. Ein unendliches Leben ohne Materie ist dadurch möglich!

Also, wenn es für ein eigentlich unlösbares Problem gerade Eine, dafür aber perfekte Lösung gibt, ist das schon sehr außergewöhnlich!

Das kommt einer Tatsache schon ziemlich nahe!

Gut, Sie sind immer noch fit? Dann treiben wir es noch auf die Spitze! ☺

Also, wir gehen davon aus, dass der Himmel ein Traumland ist!

Unsere Seelen können sich nicht bewegen, sind also ständig im Traumland.

Und wenn wir nicht wach in der materiellen Welt sind, sind wir mit unserer Seele im Traum.

Gute Nacht ☺

Ja, wir sind beim Träumen bereits im Himmel!

Aber wir können ihn natürlich noch nicht selber gestalten, da wir noch mit der materiellen Welt verbunden sind.

(Wir werden nachher noch Ausnahmen kennenlernen)

Aber wir wissen nach unserer einfachen Formel:

Wenn es diesen Himmel also wirklich geben sollte,

gibt es auch unsere Seelen

und dann gibt es auch

einen denkenden Gott !

Und aus diesem Grund hat er uns nach seinem Bilde geschaffen, als denkende Seelen!

Um uns so das ewige Leben in seinem materielosen, unendlichen Traumland zu ermöglichen!

Zweite Zusammenfassung:

Und ? Brummt der Schädel? Das war nun ziemlich viel auf einmal. Ich hatte zur Ausarbeitung mehrere Jahre Zeit. Sie haben es nun wahrscheinlich in unter einer Stunde aufgenommen!

Wir machen nun, nach einer kleinen Pause, nochmal eine komplette Zusammenfassung. Danach steigen wir dann in die ersten allgemeinen Fragen ein.

Wenn Sie das Thema nochmal in einer anderen Art und Weise kennenlernen möchten, empfehle ich Ihnen mein zweites Buch

„Leben im Traum" ISBN 978-3-940490-99-5

Darin habe ich das Thema in Romanform behandelt.

Das ist die kleine
Pause ☺

Zusammenfassung:

- Im Traum ist alles möglich was wir in einem Himmel bräuchten!

  (Tatsache)

- Seelen dürfen keine Materie haben, sonst wären sie nicht unsterblich!

  (Tatsache)

- Materielose Seelen haben keinen Grund sich in einer materiellen Umgebung zu bewegen!

  (Tatsache)

- Wenn wir eine Seele haben, leben wir ständig mit ihr und nicht erst nach dem Tod!

  (Tatsache)

- Wenn wir träumen, dürfen wir jetzt schon erleben wie es nach dem Tod sein wird!

  (Tatsache)

- Neueste Forschungen haben im Gehirn Teilchen entdeckt die ihre Daten abstrahlen! Keiner weiß wohin! (Später mehr)

Frage 5:

Gibt es einen Beweis für ein Himmelreich?

Also wir haben hier eigentlich ein total unmögliches Bevölkerungsproblem, welches eigentlich jeden Versuch eines funktionierenden Himmelreiches sofort im Keim ersticken müsste!

Man stelle sich nur mal vor:

Ein Mann lebt jahrzehntelang in seinem Haus und stirbt. Nun will er natürlich auch im Himmel gerne dort wohnen.

Sein irdischer Nachmieter wohnt auch Jahrzehnte in diesem Haus und stirbt.

Auch er will dort wohnen. Alleine! Und im Himmel soll doch alles möglich sein! Jeder will seine Einrichtung behalten usw.

Eigentlich ist das völlig unmöglich! Und das ist nur ein Beispiel von MILLIARDEN unterschiedlicher, sich überschneidender Wünsche!

Und alles! Wirklich jeder noch so ungewöhnliche oder auch unmögliche Wunsch soll im Himmel möglich sein! Sonst wäre es ja nicht der Himmel!

Und im Traum ist das alles möglich! Wirklich alles! Völlig problemlos!

Das ist wie ein 6er im Lotto…

BEI JEDER EINZELNEN ZIEHUNG!!

Und das soll wirklich Zufall sein??

Und denken Sie an unsere einfache Formel.
Wenn auch nur eine Variable unserer Formel

(Himmel = Seele = Gott)

stimmt, dann stimmen auch alle anderen!

Und wenn diese Variable hier stimmen sollte …

**dann hat unser Gott wirklich
ganz tolle Arbeit geleistet!!!**

Frage 6:

Gibt es einen Beweis für eine Seele?

Wie soll man denn das Vorhandensein einer materielosen Seele beweisen?

Na gut, ich versuche es. ☺

Laut unserer Formel reicht natürlich auch eine Variable um alles zunichte zu machen!

Es ist also auch wichtig, hier bei der Seele einen Beweis zu versuchen!

Also, wir gehen davon aus, dass wir eine mit uns irgendwie verbundene Seele besitzen, welche sich materielos im Himmel befindet. Zusammen mit allen anderen Seelen !

Wir können im Traum auf unsere Seele zugreifen! Und als Beweis für das Gelernte möchte ich die Hypnose anführen!

(Hypnose findet ja bekanntlich im Traum statt)

Es gibt z. Bsp. beglaubigte Hypnose - Sitzungen, wo ein Hypnotiseur die Krankheiten eines anderen hypnotisierten Menschen erkannt hat, der sich in einem anderen Bundesstaat befindet!

Und nun nennen Sie mir nur ein menschliches Organ, welches dazu in der Lage ist!

Oder wenn Sie selber mal einen Versuch wagen wollen, habe ich noch ein weiteres Beispiel für Sie!

Ist es Ihnen schon mal aufgefallen, wenn Sie jemanden aus der Entfernung ansehen, sich also auf ihn konzentrieren, kann es häufiger vorkommen, dass er Sie auf einmal entdeckt! Er kann es fühlen, dass er beobachtet wird! Welches Organ ist den dazu bitteschön in der Lage? Auch das geht nur über die Seele.

Weiteres Beispiel ? Bitteschön..

Gedankenlesen, Wahrsagen, Geister …

ja eigentlich alle unerklärlichen Dinge können auf das Vorhandensein einer Seele zurückgeführt werden!

Ich weiß nicht, ob das als Beweis ausreichend ist. Wie gesagt, laut Formel, wäre es damit dann auch bewiesen, dass es einen Gott wirklich gibt! Aber zumindest fällt es dadurch ziemlich schwer das Vorhandensein einer Seele völlig zu verneinen. ☺

Frage 7:

Gibt es einen Beweis für Gott?

Also laut den Berichten aus der Bibel hat Gott früher häufiger das Gespräch mit den Menschen gesucht. Mir ist dabei vor allem aufgefallen, dass es sich dabei sehr häufig um Begegnungen

IM TRAUM

gehandelt hat! Das ist eine Aufgabe für die gläubigen Bibelleser! Wir wissen ja jetzt, wenn es einen Gott gibt, dann lebt er im Traum!

Und da unsere Seele sich auch ständig im Himmel befindet und wir mit ihr dauerhaft verbunden sind, sind wir, so gesehen, auch ständig dort!

Viele Menschen haben sich schon gefragt, wie Gott überhaupt von unseren alltäglichen Problemen erfahren kann.

Jetzt wissen wir es!

Wir sind doch direkt bei ihm!

Wir können ihn nicht so direkt wahrnehmen, wegen unseres materiellen Körpers, aber er kann es! Er kann sich im Traum frei bewegen und bekommt alles mit!

Aber beweisen .... Das wird schwer. Aber gut, ich versuche es ☺

Wir wissen jetzt wo sich Gott befindet!

In unserem Traum.

Das alleine ist schon sensationell!

Wir wissen auch, dass wir mit unseren materiellen Körpern vor allen Dingen Gefühle aus der Traumwelt empfangen können.

(z Bsp. Das Gefühl beobachtet zu werden)

Wie gesagt wissen wir nicht, wie das alles genau funktioniert. Das ist für uns alle immer noch wie ein Wunder. Wir können nur mit dem arbeiten, was wir bereits wissen.

Also Gefühle.

Ich möchte Ihnen erzählen, wie ich zu Gott bete! Vielleicht kann dadurch der Eine oder Andere für sich auch den Beweis daraus ziehen, dass es Gott wirklich gibt!

Also, wenn ich zu Gott bete, dann konzentriere ich mich direkt auf meine Seele. Ich suche Gott nicht irgendwo im Universum. Ich suche ihn direkt bei mir. Ich steige über meine Seele in seinen Himmel und bin direkt bei ihm wenn ich ihn anspreche! Und Gott antwortet! Nicht mit der Stimme, sondern mit Gefühlen! Versuchen Sie ihr Anliegen möglichst neutral und ohne Gefühlsregung vorzubringen.

Noch bevor Sie fertig mit formulieren sind, haben Sie bereits eine Antwort! Irgendein Gefühl wird Ihnen die Richtung zeigen. Meistens ist es eine völlig unerwartete Antwort, über die es sich jedoch lohnt nachzudenken.

Und natürlich gibt es Fehlinterpretationen!

Ein kurzer falscher Gedanke und das eigene Gehirn schüttet selber für uns unkontrollierte Hormone aus, die uns ein falsches Gefühl vermitteln!

Es ist eine Übungssache. Immerhin ist es eine Verbindung von einem materiellen Körper voller Hormondrüsen zu einer völlig materielosen Welt und ihrem Schöpfer!

Aber vor allem ist es Eines! Es ist die, mit Abstand! , beste Möglichkeit um mit Gott zu reden !

Frage 8:

Warum können wir nicht gleich in den Himmel?

Der Himmel besteht aus unseren Träumen. Und träumen können wir nur von Dingen, an die wir uns erinnern! Vielleicht können wir von den Erinnerungen der Gestorbenen lernen, aber das ist Spekulation. Aber ein gestorbenes 2 jähriges Kind will auch nicht unendlich 2 jährig bleiben!

Vom Aussehen her gibt es ja kein Problem.

(Oder hat jemals jemand im Traum in einen Spiegel gesehen?)

Aber es sollte doch möglich sein, auch im Himmel dazuzulernen und zu reifen.

Frage 9:

Wie funktionierten die Wunderheilungen?

Ich bin kein Arzt ☺ Aber auch dabei kann es nur über die Seelenverbindung gegangen sein!

Es gibt und gab sogar unter uns Menschen immer wieder welche, die sogar über größere Entfernungen Heilungen erreichten!

Gefühle sind schließlich Hormonausschüttungen. Und mit Hormonen kann man auch heilen! Also warum soll es nicht möglich sein über eine Seelenverbindung heilende Hormone auszulösen?

Frage 10:

War Jesus wirklich Gottes Sohn?

Zur damaligen Zeit gab es noch keine Personalausweise. Es war schwierig, mehrere Menschen mit gleichem Namen auseinanderzuhalten. Auch spielte die Rangordnung eine große Rolle, welche damals vom Vater auf den Sohn weitergegeben wurde. Es war sehr schwer in der Hierarchie aufzusteigen. Aus diesem Grund nannte man zu seinem Namen immer: „Sohn des …"

Sich als Sohn Gottes zu bezeichnen hatte gleich mehrere Vorteile. Er erreichte die höchstmögliche Hierarchie. (Das hatte aber, wie die Gläubigen wissen, auch gewaltige Nachteile).

Aber es bot Gott selber die Möglichkeit als nicht fassbares Wesen den Stand eines liebenden Vaters einzunehmen!

Ich habe Gott einmal gefragt: „Wenn es einen Sohn gibt, gibt es da etwa auch eine Frau Gott?"

Als Antwort habe ich gefühlt wie er lächelte. Es war bewegend! Es war eines meiner deutlichsten Kontakte.

Frage 11:

Warum kam Gott nicht persönlich?

Stellen Sie sich vor Gott wäre wirklich leibhaftig auf die Erde gekommen und hätte gesagt

„ Ich bin Gott"

Dann hätte man ihm erst geglaubt, wenn er alle Probleme der gesamten Menschheit gelöst hätte!

Wir wissen ja, dass die damalige Herrscher-schicht schon mit dem Erscheinen von Jesus als Gottes Sohn, bereits völlig überfordert war. (Sie haben ihn immerhin umgebracht.)

Gott selbst, hätte niemals als Baby heranwachsen können! Und er hätte es auch nicht zulassen können, dass man versucht ihn umzubringen!

Er hat uns als denkende und handlungsfähige Seelen geschaffen. Er hat uns ein materielles Leben ermöglicht um Erfahrungen zu sammeln und eigene Entscheidungen treffen zu können!

Er hätte uns, in diesem Fall, unsere Entscheidungsfähigkeit wieder wegnehmen müssen!

Und wenn er dann trotzdem immer noch da ge-
blieben wäre, wären die Menschen unruhig geworden. Gott sieht alles! Niemand möchte gern
sein ganzes Leben lang ständig überwacht werden!

Wenn uns unsere heutigen Geheimdienste zeigen würden, wie viele Daten sie inzwischen über
uns alle gesammelt haben, und auch noch weiter
sammeln, würde garantiert auch ein Aufstand
ausbrechen!

Also ist der beste Weg ein Gott zu sein, ein nicht
fassbares Wesen zu sein, dass Wunder gesche-
hen lassen kann! Dazu war Jesus auf der Welt
um das zu beweisen.

Gott durfte also nicht persönlich kommen!

Und jeder der an ihn glaubt und zu ihm betet, hat
zumindest das Gefühl mit seinem Problem nicht
alleine zu sein, wenn er nicht sogar richtige Hilfe
erfährt.

Frage 12:

Warum ist der Glaube so wichtig?

Da bin ich in der Frage 11 schon darauf einge-
gangen, daher mache ich hier eine kleine Zusammenfassung.

Gott darf kein fassbares Wesen sein! Jeder
Mensch, der versucht hat sich als ein Gott aus-
zugeben, konnte das nur, solange er stark genug
war um sich gegen die ständigen Angriffe zu ver-
teidigen!

Er musste seine „Göttlichkeit" ständig unter Beweis stellen!

Und ein nicht fassbares Wesen kann existieren,
oder auch nicht. Und jeder, der in einer schwieri-
gen Situation schon mal zu Gott gebetet hat
weiß, wie tröstend es sein kann. Man glaubt daran, dass hier ein Wesen ist, welches einem helfen kann.

Wenn es sein muss, sogar mit einem Wunder!

Und niemand braucht sich beobachtet zu fühlen!
Gott ist nur da, wenn man ihn braucht. Ansonsten lässt er uns völlig freie Hand.

Sollte er auch nur einmal persönlich in Erscheinung treten und bei irgendwas eingreifen, würde aus dem Glauben eine göttliche Diktatur werden!

Er müsste ständig gegen die Zweifler vorgehen, die ihre eigenen Probleme auf ihn abwälzen wollen.

Gläubige können es in der Bibel gerne nachlesen, dass er in früheren Zeiten diesen Weg gegangen ist und sich häufiger ins materielle Leben eingemischt hat.

Die Folge waren drastische Maßnahmen seinerseits. (z. Bsp.: Arche Noah)

Seit er durch Jesus zu einem nicht fassbaren, liebenden Gottesvater geworden ist, müssen wir mit unseren großen Weltproblemen selber klar kommen.

Frage 13:

Was ist der Sinn des Lebens?

Oh, Mann! Muss das ausgerechnet bei der Frage 13 sein?? Dies ist ja wohl die wichtigste Frage, welche sich wohl jeder Mensch auf Erden schon mal gestellt hat!

Ja, es muss bei der 13 sein! Das soll uns zeigen, dass wir über dem Aberglauben stehen! Hier zählen nur Tatsachen!

Es gibt keine schlechten Zahlen, Tage oder Leitern! Und schwarze Katzen sind genauso lieb wie Weiße!

Ok, also! Das Ziel des Lebens!

Das wirkliche, einzige, wahrhaftige Ziel des Lebens!

Ist ....!!!

Also, wenn Sie da jetzt noch nicht selber darauf kommen, haben Sie wahrscheinlich direkt hierher geblättert, ohne auch nur eine Zeile vorher gelesen zu haben!

Aber gut, ich schreibe es trotzdem. Und zwar aus dem einfachen Grund, weil es:

Das erste Mal ist, dass diese Frage überhaupt beantwortet werden kann!

Der Sinn des Lebens besteht darin eigenverantwortlich Erfahrungen zu sammeln!

Dritte Zusammenfassung :

Also, nach der letzten Frage konnte ich wirklich nicht einfach mit einer weiteren Frage weitermachen! Ich glaube, wir haben uns diese Pause hier redlich verdient.

Gut, wir holen tief Luft, und versuchen unsere Gedanken wieder zu ordnen.

Überlegen Sie mal: Was hat sie bisher am meisten berührt?

Schwirrt es in ihrem Kopf? War es zu viel Input auf einmal? Lassen Sie sich Zeit. Lesen Sie das Buch, wenn Sie wollen, ruhig nochmal und nochmal. So dick ist es ja nicht.

Ich habe mich hier ja, wie versprochen, so effektiv wie möglich ausgedrückt.

Mein anderes Buch hat 484 Seiten um zu diesem gleichen Ergebnis zu kommen! Und ich hätte wahnsinnig gerne noch 200 Seiten zusätzlich eingebaut, um das Ganze rhetorisch noch weiter zu verbessern!

Ok, was hat mich am meisten berührt?

Ich brauche da gar nicht lange darüber nachzudenken. Bei mir war es die Erkenntnis, dass Gott ein denkendes Wesen sein muss! Es ist völlig unmöglich, dass Gott nur ein Stein sein kann!

Wir haben in unserer Geschichte genügend Epochen der Götzenverehrung. Meist dienten sie dazu, ein eigentlich unfassbares Wesen irgendwie greifbar zu machen. Und zwar ohne das er sie in ihrer Entscheidungsfähigkeit dadurch einschränkte! Aber es waren doch nur „Steine"

Gott ist ein denkendes Wesen!

Er denkt wie wir!

Er weiß, wer er ist!

Und er kann seine Umwelt wahrnehmen!

Wow! Alleine sich das vorzustellen ist einfach atemberaubend!

Ich kenne sehr viele Gläubige, die ihr ganzes Leben lang zu Gott gebetet haben, ohne es sich auch nur einmal wirklich vorgestellt zu haben!

Frage 14:

Ist Gott unfehlbar?

Gott ist Gott! Er hat durch einen Urknall Materie erschaffen, damit sich darauf Lebewesen bilden, die mit ihrer Seele Erfahrungen sammeln können, mit denen sie nach ihrem Tod im Himmel träumen können und so das ewige Leben haben!

Uff, das waren viele Milliarden Jahre Zeitgeschichte in nur einem Satz!

Ich glaube nicht, dass wir einem solchen Wesen irgendwelche Fehler vorwerfen sollten!

Wer sich ein wenig mit der Bibel auseinandergesetzt hat, wird erkannt haben, dass Gott früher häufiger eingeschritten sein muss. Und seine Lösungsansätze waren meist drastischer Natur!

Zum Glück beschränken wir uns hier ja nur auf Tatsachen! Sämtliche in der Bibel enthaltenen Texte können nicht auf ihren tatsächlichen Wahrheitsgehalt überprüft werden!

Wenn wir, von einem neutralen Standpunkt aus, die Bibel als wahr betrachten würden, müssten wir zumindest erkennen, dass Gott auch nicht in die Zukunft schauen kann!

Er muss, genau wie wir, auf veränderte, nicht planbare Gegebenheiten reagieren!

Er hat uns als selbst entscheidende Wesen geschaffen! So wie er selber eines ist! Da ist die Zukunft in ständigem Wandel. Es kann keine endgültig feststehende Zukunft geben!

Fazit:

Wir sind für uns und unsere Erde selber verantwortlich!

Frage 15:

Gibt es außerirdisches Leben?

Diese Gelegenheit muss ich nutzen um das Thema Urknall zu verdeutlichen.

Wir haben festgestellt, dass es früher nur Gott in einem materielosen Zustand gegeben hat!

Das schließen wir daraus, dass Gott ein unsterbliches Wesen sein muss, und sich das Universum ausdehnt, also früher mal beisammen war. Wodurch der Start durch einen Urknall wohl bewiesen ist.

Wir wissen, dass Gott auch vor dem Urknall keinerlei Probleme hatte, da er auf Materie nicht angewiesen ist.

Er war also dabei bei dem Urknall!

Na gut, bemühen wir mal wieder die Wahrscheinlichkeit.

Was ist wahrscheinlicher?

Gott hat den Urknall erzeugt um Materie zu erschaffen, um uns ein materielles Leben zu ermöglichen

oder

Gott stand völlig überrascht daneben als auf einmal die Hölle ausbrach!

Haben Sie es bemerkt? Richtig! Diesmal ist die
erste Antwort die wahrscheinlichere!

Gut, wir gehen also davon aus, dass Gott dafür verantwortlich ist. Und bei der Entwicklung unserer Erde sowie des Lebens allgemein, können wir überdeutlich das Gießkannenprinzip erkennen!

Erklärung:

Im Alten Testament ist man noch von einem einzigen Himmelskörper ausgegangen.

(Und den auch noch als Scheibe!)

Wir kennen jetzt den ganzen Umfang der Schöpfung. Es gibt unvorstellbar viele Himmelskörper!

Auch das Adam und Eva Prinzip wurde durch die Vererbungslehre weitgehend widerlegt.

Wir Menschen haben uns aus einem Überfluss an Lebensformen entwickelt!

Es besteht also auch nicht der geringste Grund dazu anzunehmen, dass wir alleine im Universum sind!

Frage 16:

Wie funktioniert das Gehirn?

Unsere 5 Sinne leiten elektrische Impulse ins Gehirn weiter. Diese werden durch lebenslanges Lernen erkannt und in Hormon Ausschüttungen umgewandelt.

Bestes Beispiel: Erschrecken Sie jemanden! Direkt danach soll er still stehen und auf seinen Körper achten. Er wird ein leichtes Kribbeln in Armen und Beinen verspüren! Erhöhter Puls und beschleunigte Atmung werden vorhanden sein.

Was ist passiert? Wir haben damit eine Gehirnschaltung aktiviert, die wir bereits seit der Steinzeit besitzen!

Unsere 5 Sinne melden stark veränderte Umgebungssignale ans Gehirn. Das Gehirn jagt sie durch alle möglichen Nervenbahnen. Dabei werden Gemeinsamkeiten zu früheren Erlebnissen erkannt.

(z. Bsp. Säbelzahntiger greift an, es droht Gefahr.) und dementsprechend reagiert. Es gibt nur 2 Lösungen. **Zuschlagen oder wegrennen!**

Das Gehirn gibt das Signal Adrenalin auszuschütten. Das spürt man durch das Kribbeln.

Weiterhin wird vom Gehirn das Signal gegeben den Herzschlag zu erhöhen. Dadurch kommt das Adrenalin schneller zu den Muskeln und die Luftversorgung wird auch optimiert.

Automatisch steigt unsere Atemfrequenz um den gestiegenen Luftbedarf zu befriedigen.

Wir sind nun bereit um zu reagieren!

Das soll als Beispiel erstmal reichen.

Hat irgendjemand von Ihnen das Gefühl gehabt an diesem Prozess aktiv beteiligt gewesen zu sein?

Das Gehirn hat ganz alleine gearbeitet!

(Das macht es übrigens immer)

Also, wenn wir nicht unser Körper sind, und auch nicht unser Gehirn, ja, was sind wir denn dann?

Sie wissen es ja inzwischen. Wir sind unsere Seele. Nur mit ihr können wir denken und überhaupt erst begreifen, dass wir tatsächlich existieren!

Also früher ist man davon ausgegangen, dass die Gehirnleitungen durchgängig sind. Also vom Input über die Auswertung bis zum Output. Da war kein Platz für eine materielose Seele, die irgendwo „eingeklinkt" sein müsste.

Die neuesten Forschungen haben extrem kleine Teilchen innerhalb der Gehirnbahnen entdeckt! Und diese scheinen in der Lage zu sein, diese durchgängige Leitung abzuzweigen. Das Signal kann irgendwo anders wieder auftauchen!

Die Möglichkeit einer Übertragung zu einer materielosen Seele könnte dadurch gegeben sein!

Ich bin gespannt, wie diese Entwicklung weitergeht.

Frage 17:

Was ist der 6 Sinn?

Unsere 5 normalen Sinne sind ja allgemein bekannt:

1. Riechen
2. Schmecken
3. Hören
4. Sehen
5. Fühlen

(Beim Fühlen würde ich gerne den Gleichgewichtssinn und die verschiedenen anderen Gefühlsrezeptoren innerhalb des Körpers mit einschließen. Sonst wird es hier zu kompliziert ☺)

Die elektrischen Impulse dieser Sinne werden ins Gehirn übertragen (Input), dort durch Nervenverknüpfungen durchgejagt und durch Hormonausschüttungen ausgewertet. (Output)

Wir fühlen diesen Output und fühlen uns damit entweder gut, oder wir haben dadurch so ein „ungutes Gefühl in der Magengegend".

Kennen Sie, oder?

Und nun stellen Sie sich vor, wie Sie herzhaft in eine saure Zitronenscheibe beißen!

Hamm! Wie Sie mit ihren Zähnen das Fruchtfleisch aus der Schale lösen, kauen und runterschlucken.

Mann, würde ich nun gerne ihr Gesicht sehen! ☺

Wieso schüttet ihr Gehirn eigentlich gerade solche Mengen an Hormonen aus?

Wir haben aber auch keinen Einzigen unserer 5 Sinne dafür in Anspruch genommen!

Es muss also noch einen 6 Sinn geben!

Und das ist unser Vorstellungsvermögen!

Wir können uns etwas vorstellen, also davon träumen!

Und auch dieser (wie wir wissen materielose) Sinn, muss also ans Gehirn angeschlossen sein!

Warum sonst verziehen wir aufgrund gehirnge-
steuerter Hormonausschüttungen das Gesicht,
wenn wir (materielos) an eine Zitrone denken?

Wir haben also in unserem 6 Sinn, (unserer Fä-
higkeit uns etwas vorstellen zu können), unsere
Seelenverbindung ins Traumland wiedergefun-
den!

Zusammenfassung:

Sich etwas vorzustellen bedeutet, davon zu träumen.

Bsp. „Ach, wäre es schön 1 Million im Lotto zu gewinnen!"

„ Träum weiter!!" ☺

Unser Ort um zu träumen ist materielos

(wg. Unsterblichkeit usw.)

Aber es besteht eine Verbindung zwischen Vorstellung und Hormonausschüttung

(Bsp. Zitrone)

Wir hatten vorher gelernt, dass wir mit unseren materiellen Körpern vor allen Dingen Gefühle aus der Traumwelt empfangen können.

(z B. Das Gefühl beobachtet zu werden)

Nun können wir das noch präzisieren!

Unser Vorstellungsvermögen leitet Informationen aus der Traumwelt an unser Gehirn. Dieses wertet die Informationen materiell aus und stellt sie uns, wie gewohnt, als Gefühle zur Verfügung.

Bsp. Wir beobachten jemanden. Unsere Seele (also wirklich wir) beschäftigt sich mit ihm. Wir beachten ihn also auch mit unserer Vorstellungskraft.

Und die Vorstellungskraft seiner Seele empfängt den Gedanken beobachtet zu werden.

Diese Vorstellung davon beobachtet zu werden wird ins Gehirn durch unseren 6 Sinn eingespeist, ausgewertet und materiell empfang bar in Hormonen ausgeschüttet.

„Hoppla, ich habe das Gefühl beobachtet zu werden!"

Wie das ganze genau funktioniert wissen wir alle natürlich immer noch nicht.

Aber wir wissen, dass die Vorstellungskraft materielos ans Gehirn angeschlossen ist.

(Zitrone)

Wir wissen, dass es sehr häufig passiert, dass man jemanden ansieht und der sich sehr schnell nach einem umdreht, weil er einen gefühlsmäßig bemerkt hat.

Und wir wissen, dass keiner unserer 5 normalen Sinne dazu in der Lage wäre!

Wir fassen zusammen:

Ich hatte es Ihnen versprochen!

Nichts in diesem Buch wird Ihren persönlichen christlichen Glauben in Frage stellen!

Und nichts in diesem Buch kann Sie dazu zwingen nun an einen Gott zu glauben!

Nichts von dem was wir hier zusammen erarbeitet haben, ist zu 100 Prozent erwiesen!

Jeder Mensch hat das Recht so viel oder so wenig zu glauben wie er will!

Und auch woran er glauben möchte, kann keinem Menschen vorgeschrieben werden!

Es ist der Mensch, der ständig versucht seine Mitmenschen zu manipulieren. Nicht Gott.

Mir persönlich ist es völlig egal wer was für einen Glauben hat, solange er nicht versucht seinen Glauben mit Gewalt an andere weiterzugeben.

Auch ich habe lange überlegt ob ich mit diesen Erkenntnissen hier irgendwelchen Schaden anrichten werde. Völlig ausschließen kann ich es natürlich nicht. Aber wenn sich jetzt jemand in seinem Glauben angegriffen fühlen sollte, kann ich ihn beruhigen.

Nichts ist erwiesen! Alles kann so sein, muss aber nicht!

Dieses Buch gibt Ihnen nur die Möglichkeit einer neuen Sichtweise. Und das möglichst neutral.

ENDE

Zeitfracht Medien GmbH
Ferdlnand-Jühlke-Straße 7
99095 Erfurt, Deutschland
produktsicherheit@kolibri360.de